SILVIO RAMAT

SHARING A TRIP
selected poems

Translation and Introduction by
EMANUEL DI PASQUALE

BORDIGHERA

Library of Congress Cataloging-in-Publication Data

Ramat, Silvio, 1939–
     [Poems. English & Italian. Selections]
     Sharing a trip : selected poems / Silvio Ramat ; translated by
Emanuel Di Pasquale.
          p.   cm. -- (Crossings ; 10)
     ISBN 1-884419-43-7
     1. Ramat, Silvio, 1939---Translations into English. I. Di Pasquale,
Emanuel, 1943– II. Title. III. Crossings (West Lafayette, Ind.) ; v. 10.

PQ4878.A4 A24 2000
851'.914--dc21   00-0051856

Bordighera Press thanks the
Sonia Raiziss-Giop Charitable Foundation
for a generous contribution
toward the publication of this volume.

Cover artwork: Antonio del Pollaiolo, *Tobias and the Archangel,* Torino,
Galleria Sabauda.

Printed in the United States.

Published by
BORDIGHERA INCORPORATED
Languages & Linguistics
Florida Atlantic University
777 Glades Rd
Boca Raton FL 33431

CROSSINGS 10
ISBN 1-884419-43-7

TABLE OF CONTENTS

INDICE

Reading the works of greats — Keats, Blake, Shakespeare, one finds it easier to come to terms with one's own limitations as a poet. After all, these writers have said so much, if not all, and have said it so well. The rejection slips, the failures, are easier to handle. That is my feeling when I translate the work of Silvio Ramat, the Italian poet. His great poems make it easier for me to accept my failures. He has said so much, and he has said it beautifully — with music, with directness, and with metaphors that are more than close to real life.

Ramat's feelings are intense. He captures his adolescent shame and rage. "Liguria": "Liguria, like a cheek horribly swollen and red / . . . We dined in two's. / How many open sores I covered with my pregnant sister's clothes." In "Enter and Adore," he recalls his town, full of life, before it was abandoned, and then makes it richer by describing its new, natural life:

> . . .
>
> instead of names honored
> on headstones I decipher
> the names of young plants,
> identified midway their stems—
> the only features that attract
> me here, familiar, after all, as truth—

Ramat writes of how love overwhelms, how memory haunts, and places Summer upside down like a dusty mattress. "Horticultural Garden": "The last plant interred to honor you trembles / at the roots but does not fly: the apricot tree / that yesterday at daybreak still stretched high / now has listless buds and leaves . . ."

His imagery on cities startles, enriches. "Tokyo Is Here": "the metallic nightingale gets stuck / on the budding plastic cherry tree . . . / You're either dreaming or Tokyo is here." Here is the Far East, a place close to a nightmare of plastic and dryness — distant yet suggestive of our own "dreams," dryness, our own superficiality.

And always, he finds the healing touch in nature. "Beyond the Meadow": "Even before the wind thinks of it, / the mask flies beyond the meadow, / among the veins of grain . . . / shakes the apple tree, so full that by itself / it forms a holy garden."

Ramat offers us splended, suggestive imagery of an America dangerous to itself, to the machine that gives it power (the "nail" on the road that can blow out the tire). "On the Subject of Wounds": "Fresno . . . a nail in the deserted strip . . . / who or what flashes out of weeds among the mass / of torn rust that once were vehicles . . . / this, too, is a story / of America — a treeless, entangled fabric, / bones without song . . ."

Like Haikus, Ramat's poems begin where they end. One gets the feeling he ends a poem not because his mind has stopped working, not because the poem is finished, but because a poem must end, and because there is another poem waiting to be written.

Feasts of a City (iii,7): "I hope to have / taught you with what spirit you / accost a path — you keep going." And we go on reading this man of deep, rich, dark wit — this man utterly open to feeling. *The Art of the First Sleep*: "If I hide, it is in plain sunlight / at the center of an empty piazza."

Emanuel di Pasquale

From *The Feasts of a City*

Da *Le feste di una città*

III, 2

The silent angel of midday comes into the inn;
with one look he takes in the striking light
from the dusty stalls, from the hay stacks,
squalid signs of his resorting to a yesterday
both deep and full of gaps. We don't know
what charity you're speaking of, nor do we know
who directs the music that impairs
the gentle will you've shown in this
brief life. But you're part of this
wild harmony – sighing at the cloud of smoke
that squats on the noisy peninsula.

III, 2

L'angelo taciturno del meriggio
entra nella locanda, contiene
in un'occhiata la luce saliente
dalle stalle polverose, dai pagliai,
squallide insegne del suo ricorso
da uno ieri lacunoso e profondo.
Di quale carità stai parlando
non sappiamo, nè chi regge la musica
che incrina la tua dolce volontà
dimostrata in questo scorcio di vita.
Ma tu sei parte di questa armonia
selvatica, sospiri alla nube di fumo
che grava sulla chiassosa penisola.

III, 5

What was absurd in the wind –
you understand Florence easily:
for you it's just a oneness of bright sounds.
A lightening bolt, and the Platters.
Tell someone, if you want, of my goodness,
even of my blue eyes. What was absurd in
the Arno, at least in those colored afternoons.
Here's the mother land, where we have placed
a limpid step which you so easily forget
and you strike yours, and another
fountain gushes in the gardens and,
without telling me, you change the season.

III, 5

Che cosa c'era di assurdo nel vento –
comprendi così brevemente Firenze –:
per te è soltanto un insieme di suoni
lucidi. Un lampo, e i Platters. Di me
racconta a qualcuno, se vuoi, il bene,
anche gli occhi celesti. Che cosa
c'era di assurdo nell'Arno, almeno
quei pomeriggi colorati. Ecco
la patria su cui abbiamo posato
un passo limpido che dimentichi
facilmente, e batti il tuo, e sgorga
un'altra fonte nei giardini
e cambi la stagione senza dirmelo.

III, 6

And so, it was an illusion to set
my visible sadness against the sad holidays
of others. It is you who surround
yourself with them, no longer desiring
that I repeat my rich passion
for the myth and the mist through which
I returned to my small town roots,
indulging myself in a small affection
for some alien life. While
I speak, you somersault,
find yourself in heaven,
and call those who can see you.

III, 6

E così, è stata un'illusione,
contrapporre alle feste degli altri
malinconiche la mia malinconia
visibile. Sei tu che ti circondi
di loro e non desideri di nuovo
che io ripeta il prezioso
ardore per il mito e la caligine
da cui ritornavo nella mia
origine, indulgendo ad un falso
affetto per qualche vita che non fosse
di qui, cittadina. Mentre parlo,
ti capovolgi, sei in paradiso,
e chiami quelli che possono vederti.

III, 7

It's true: if we no longer remembered,
an immaculate life would be ready for us.
But not growing tired serves
the same purpose; I hope to have
taught you with what spirit to
accost a path – you keep going.
Dawn, heavy with years, on its chariot,
will bring its looming light
to the meadows even this time.
And you smile: February wriggles
in your hands; together we observe
the emaciated ray that slices the piazza
Santa Maria Novella's drenched shadow.

III, 7

È vero: se si perdesse il ricordo
sarebbe pronta un'immacolata
vita. Ma a una simile ragione
non stancarti, io spero di averti
insegnato con che animo
ci si accosta a una traccia. Tu prosegui.
L'aurora grave d'età sul suo carro
anche per questa volta condurrà
la sua luce apparente sui prati.
E sorridi; febbraio si divincola
nelle tue mani; insieme osserviamo
il raggio macilento che taglia la piazza
Santa Maria Novella fradicia d'ombra.

From *The Fiery Spurs*

Da *Gli sproni ardenti*

Fireworks for Saint John

From garden to garden how cleverly
you enter the Catherine–wheels
of this magic celebration,
a magic good-bye that jumbles up
already deeply forgotten symbols –
circle cross star – but from far away
a new sickness takes root in us:
every year a new sea readies for dreams,
blue names that spray salty air,
anchors you clutch in your arms;
canals of ill feelings unite
waters and land –
trail of bitter pains,
you do not turn back
but lose yourself offshore
like an arrow in flight.

Fuochi di San Giovanni

Tu con che ingegno entri nelle girandole
di giardino in giardino accese in questo
artificio di festa,
artificio di addio che oggi confonde
disegni già profondi nell'oblio –
cerchio croce stella –, ma di lontano
un nuovo male s'inerpica in noi:
un nuovo mare ogni anno si prepara
per sogni, nomi azzurri che sprizzano salsedine,
ancore che rinserri tra le braccia;
canali di rancore uniscono acque e terra –
amara stretta traccia, indietro non ritorni,
ti perdi al largo come una saetta.

Idea of the Sea

In summer, the soul freezes thrills and desires,
pierces the body knocked breathless
by running seasons, burns,
livens up and flies in search of a beach
that holds no memories,
slides on the fine sand,
and falls into a vague sleep.
A mess of lightning bolts angrily flashes;
thunder opens and then inperceptibly
shuts down the door to chaos,
a virtue gathered within its own limits
(autumn winter and spring
molten in this unbelievable liquor).
You, slight, from a distant square,
at the helm of the latest folly,
judge of what happiness is,
turn your remorse-driven passion
toward one of the towns you have swept away,
but this time the wind is vague
and the memories are a bother.

Idea del mare

D'estate spicca estro e brividi l'anima,
trafigge il corpo trafelato
da tre stagioni di rincorsa, brucia,
vivida vola in cerca di una spiaggia
senza ricordi, scivola sulla rena sottile,
precipita in un sonno irragionevole.
Ostile batte una messe di lampi,
il tuono ha trame chiuse impercettibili,
una virtù raccolta nei suoi limiti
(l'autunno l'inverno la primavera
sciolti in questo incredibile liquore).
Esile tu da una piazza distante,
al timone della follia dell'anno,
arbitra dell'allegria della vita,
una passione drizzi dal rimorso
verso qualche paese dove spazzi
fra tante volte questa volta
vago il vento memorie fastidiose.

Horticultural Garden

The piercing cry of the caged, restless
peacocks slides across the air.
On the horizon, a train is stuck in sand.
You give birth to a thousand vile thoughts
as you go by, in a half dream, for in summer
you see the season closest to hell
in her. You feel the thick, lethargic
sleep that knocks one out;
the last plant interred to honor you trembles
at the roots but does not fly: the apricot tree
that yesterday at daybreak still stretched high
now has listless buds and leaves,
and you, distressed,
shake off great-hearted thoughts,
an open road for others,
insist there never was virtue in the soil,
find no comfort in the bud,
and in the grass see merely soft cutting blades
that neither save nor bewitch.

Giardino di Orticoltura

Slitta nell'aria lo strazio
dei pavoni eccitati nella gabbia,
s'insabbia un treno all'orizzonte, nascono
bassi mille pensieri sull'estate
in te che passi trasognato e senti
la stagione più prossima all'inferno
in lei, senti il letargo,
carico sonno che atterra; vacilla
alle radici e non s'inciela l'ultima
pianta interrata in amore per te:
l'albicocco allungato alto nell'alba
fino a ieri, oggi strema fronde e gemme
e tu crucciato scrolli via le immagini
di largo cuore, via larga per altri,
rifiuti inesistita la virtù delle zolle,
neghi che un boccio dia conforto, vedi
nell'erba un morbido filo di spada
che non districa la vita nè incanta.

From *Body and Cosmos*

Da *Corpo e cosmo*

Vocation

Although it's Sunday, the bread is baking
in the mouth of the oven. Quite a bit of snow has fallen,
but it's not enough for you: for sure
tempests were forecast, but not yet
at the agreed place (an iron cross
quickly camouflaged in the white,
soft ground of the forest?). Not all
can happen near, as you desire, an hour
from this house, one step from these
shattered good-byes between yesterday
and today, postponed for tomorrow like
a bet that scorches, the final one.

And my vocation? For now, to hurl back at you,
again, only this cracking of bells already pregnant
from the seeds of the feast; and, if I have the
courage, to fling at you, again, like a bomb,
the light bread that scalds my hands
too much for me to bring to an end the prayer for you.
Read me, not the bread, which is a body
extraordinarily alive: protect me with your eyes (if
you stay) while I clumsily build the shape
of my maturity.

Maturity, boundary. Between adventure and reason,
the ford of fear: I'm always my own keeper –
but only of my foolishness, nothing else.
You accompany me, but how far?
                                        With me,
You've been traveling through Tuscanian secrets,

Vocazione

Nella bocca del forno il pane è acceso
benchè sia domenica. Di neve
ne è caduta, ma non ti basta: certo
tempeste si annunciavano, ma non ancora nel punto
convenuto (una croce di ferro
mimetizzata presto nel bianco molle del bosco?).
Non tutto può succedere vicino come speri,
a un'ora da questa casa, a un passo da quest'addio
scosso tra ieri e oggi, rilanciato a domani
come una scommessa che scotta, l'ultima.

E la mia vocazione? Rilanciarti per ora
soltanto questo schiocco di campane
gravide già dei semi della festa;
e, se ho coraggio, rilanciarti il pane
leggero come una bomba che brucia troppo le mani
perchè portino in fondo la preghiera
che ti riguarda. Leggi me, non il pane
ch'è un corpo straordinariamente vivo:
proteggimi con gli occhi (se rimani)
mentre mi costruisco così male
la forma della mia maturità.

Maturità, confine. Tra avventura
e ragione, il guado della paura:
sono sempre padrone di me –
ma della mia insensatezza, non d'altro.
M'accompagni, ma fino a dove?
                              Hai corso
insieme a me toscanità segrete,

frigid undulations of an unwilling earth
shunning these offstage lightning bolts.
Even a guide needs help, unusual in his
drowsiness to bring you directly to your
whitening cross.

Find it on the skin of this bread, or grow tired
of carving it on me – I can still carry it.

frigide ondulazioni della terra restia
a questi lampi di fuori scena.
Anche una guida va soccorsa, il suo
dormiveglia è raro che ti conduca
diritto alla tua croce che s'imbianca.

Tròvala sulla pelle di questo pane, o stàncati
a inciderla su di me, posso ancora portarla.

From *By Word*

Da *In parola*

Tokyo Is Here

What an uncomfortable bed, tucked in
by carnival masks, last to leave,
and maybe even by darting swallows,
fallen and lost at Lent

What voice – clear sounds at dawn,
but both voice and body are made of steel;
the metallic nightingale gets stuck
on the budding, plastic cherry tree:

You're either dreaming, or Tokyo is here.

What bitter life for an artificial shrub
with soul of a juniper wounded to the quick,
spirit that shelters itself from oxidating
moon and rains.

What a book, ending up in the fire.
what a lying phoenix.

Tokio è qui

Che letto scomodo, te lo rimboccano
maschere di tardo carnevale,
e magari fossero le guizzanti
rondini, perse giù in quaresima.

Che ugola e filo tersi all'alba
ma voce e corpo sono d'acciaio
l'usignolo metallico s'incanta
sul ciliegio di plastica in boccio:

o sogni o Tokio è qui.

Che vita amara di cespuglio
con l'anima di ginepro punta
sul vivo, animula che si ripara
da lune e piogge ossidanti.

Che libro finito nel fuoco,
che fenice bugiarda.

Heathrow

Infinite, as it is known, or finite
in the eye that counts them one by one,
God's roads flew to Heathrow.

Rink for angels, asphalt
but backfill from the deep sky
of my frozen night,
Heathrow, the mind wrote-hope
lightly on the napkin whose wings
traced in letters the double line
                              of dawn,
that two-toned ribbon in which also spun my
terror of missing my appointment with the angel,
of my ending without wings or ice skates.

But here, waiting for me, face to face, is all of Europe.

Heathrow

Infinite come si sa – o finite
nell'occhio che una per una le numera –,
le vie del Signore volavano a Heathrow.

Pattinatoio per angeli, asfalto
ma di riporto dai cieli
fondi della mia notte intirizzita
Heathrow, scriveva la mente–speranza,
leggera sul tovagliolo già fuso delle sue ali,
Heathrow, tracciava in lettere la doppia linea
                                    dell'alba,
quel nastro a due colori su cui filava anche il mio
terrore di non trovarmi all'appuntamento coll'angelo,
di restare, io, senza ali nè pattini.

Ma ecco, stava aspettandomi, tutta l'Europa in viso.

Off Screen

Even before the wind would think of it,
the mask flies beyond the meadow,
among the veins of corn;
there's no sense looking for it.
Arched on the apex of Summer,
from the nettle the heart squeezes
and lifts the celestial
ruins of San Galgano,
shakes the apple tree, so fully that by itself
it forms a holy garden.
                    Noli me tangere, wait
for the hand to be the thief.

Fuori campo

Volata fuori campo, tra le vene del grano,
prima ancora che ci pensasse il vento,
la maschera, non ha senso cercarla.
Arcuato sul colmo dell'estate,
il cuore dalle ortiche spreme e rialza
le rovine celesti a San Galgano,
scuote l'albero del melo così carico che forma
da solo un orto sacro.
                        Noli me tangere, aspetta
che per te ne sia ladra la mano.

From *Winter of Theories*

Da *L'inverno delle teorie*

XXIV
42

Really, if anything, each language of man
is the mouth you've heard it from –
spied to speak fully the first time –
it is the curve of the flesh of two lips,
the painful and then happy anxiety
of the hands hurrying to help the word.
It's the inner formal light, the room
where the word has reverberated impulses
of fear. Beyond that, its story is
the entire harmony of the heart of the city.

XXIV

Veramente ogni lingua dell'uomo
altro non è se non la bocca
da cui l'hai udita – spiata – parlare
per intero la prima volta, è la curva
di carne di due labbra, il tormentato
e poi felice affanno delle mani
in soccorso del dire. È la luce
formale di un interno, la stanza
dove ha vibrato la parola – impulsi
di paura. Più in là, tutta l'armonia
col cuore della città, e la sua storia.

From *The Art of the First Sleep*

Da *L'arte del primo sonno*

Think of them as happy,

The sun, the sun's
despair: it's all one. They come out
without a trace of worry,
asking others to understand

– desperately happy –

while between the fog gold fog
they follow the open circle
of the piazza, and there is no escape
from their strangeness. With each step,
they both lose and find an equilibrium
in intoxication:

you imagine them in that
oscillating cup of sangria
they live in without emptying:
multiple color of winter
upon color, mutation
of silk. Thirst and miracle.

The miracle of the wings,
not any old mirage,
nothing to be waiting for.
With what fear they speak
 in two's, how quietly they go
in two's, they –
                          forms hinted at
within the form of a
city almost unknown to the wind,

Felici, pensali felici,

il sole la disperazione
del sole: tutt'uno. Escono
senza un'ombra di gravità,
chiedono che altri capiscano

– felici disperatamente –

mentre fra nebbia oro nebbia
seguono il cerchio aperto
della piazza e non c'è scampo
alla loro stranezza. Pèrdono
e ritrovano a ogni passo
un equilibrio in ebbrezza:

tu immáginali in quella coppa
oscillante di sangria
che vivono senza vuotarla:
colore d'inverno plurimo
su colore, mutamento
di seta. Sete e miracolo.

Il miracolo delle ali,
non un miraggio qualsiasi,
nulla che fosse da attendere.
Con che paura ne parlano
in due, come vanno tacendone
in due, loro –
                              forme accennate
dentro la forma di una
città quasi ignota al vento,

where if a thing lays roots
between arches,

it is suddenly sky, stone,
theory of repentance.

dove una cosa se mette
fra arcata e arcata radici

è di colpo cielo, pietra,
teoria del pentimento.

The universe in four phrases; that's what you
                                    ask of me,
not more than one for element (and you think
it's already too much). So, maneuvering
between air and food, fire and sleep, I wrong
all the other rocks, pull out
only four, for dedication:

Venetian time without sharp edges,

the laughter of a tray without glaze,

you and I, natures, alive in the garden of the dead,

Rialto's oranges all rind.

L'universo in quattro battute, è questo che mi
                                            domandi,
non più di una per elemento (e credi
sia già troppo). Così, barcamenandomi
tra aria e cibo, fuoco e sonno, fo torto
a tutte le altre pietre, te ne stacco
quattro appena, per dedica:

il tempo di Venezia senza spigoli,

il riso d'un vassoio senza smalto,

noi due nature vive nel giardino dei morti,

le arance tutta buccia di Rialto.

The obvious has these convulsions
and contortions, slip ups.
If I hide, it is in plain sunlight
at the center of an empty piazza.
I operate from there with a shut heart,
the hand steadier having
digested fasting.
I wait for the recklessness of love,
the demon without season, the one
that doesn't stop at any red,
if he wants to find me
where I am where I could not be,
transparent, foolish like a victim.

L'evidenza ha di queste convulsioni
e contorcimenti, abbagli.
Se mi nascondo, è nel pieno del sole
al centro d'una piazza vuota.
Opero lì a cuore chiuso, la mano regge meglio
digerito il digiuno.
Aspetto l'incoscienza per amore,
il demone senza stagione, quello che non si ferma
a nessun rosso, se vuole trovarmi
dove sono dove potrei non essere,
trasparente, fatuo come una vittima.

From *A Wellspring*

Da *Una fonte*

XXVII

I understand those who dictate and
those who write under dictation;
I, too, understand and feel the rustling
the buzzing cycle of voice of
hand of voice that seeds in
sacrificed hands. I have lost sight
of meat already brought to the fire the
reports the stings the
bifocals for the trip, the absurd
cities and lakes. Dictating
to myself while possessed mixed-up
in an abyss of dictation
or one at my level. Where sleeping I understand
myself, swimming in the
sacred and final and dry mirror of Narcissus.

XVII

Capisco quelli che dettano e
quelli che scrivono sotto dettatura,
capisco e sento anche io lo stormente
il ronzante ciclo di voce di
mano di voce che semina in mani
sacrificate. Ho perduto di vista
la carne già portata al fuoco i
racconti gli aculei le lenti
bifocali del viaggio, le città
e i laghi d'insensatezza. Dettando
a me stesso invasato invischiato
nella dettatura d'abisso o
alla mia altezza. Dove mi capisco
prendendo sonno, nuotando nel sacro
e ultimo e secco specchio di Narciso.

XVIII

Soon the natural light will be
a reflected light. The nest believes
the maternal speech; night by night
it is involved no less than we are.
– Precious time has been lost – among
the snares of the hedge,
the final giver chirps
with immense authority,
the *domina* of this occult camera
developing in more throats the verb
as much as hunger.
                    It makes no sense
to think of a scene behind this
overpowering scene. Shadows are shadows
first – the interposed speech of the sun
does not decide their life.

XVIII

Presto la luce naturale sarà
una luce riflessa. Il nido crede
al parlar materno, sera per sera
se ne investe non meno di noi.
– Si è perso del tempo prezioso –, pigola
tra i lacci della siepe con immensa
autorità l'ultima servente,
la *domina* di questa camera occulta
sviluppando in più gole tanto il verbo
 che la fame.
                    Non ha senso
pensare a un'altra scena dietro questa
scena al colmo. Le ombre sono ombre
prime, non decide la loro vita
il parlare interposto del sole.

XLIII

Even Damascus has its mornings.
Rejuvenating, the slender samaritan
enters – on her arms a pitcher, bountiful
foods. Places everything down;
cleans the well with one hand;
every scene is stripped
down to its sinopite, and there is no sinopite
that does not veil another. Thus
the infinite appears concrete. On
the rhythm of one hand. The other, almost by memory,
draws out more blurred figures;
the path traces them where the cavern has more light.

New monsters over the archaic monsters.
                                    Newly
refreshed, reanimated, the immortals
observe their own features
slowly slip into the wrinkles
of the curving wall. It is the torture
of rebirth after each sunset –
and excommunication and choked lamp.

XLIII

Anche Damasco ha i suoi mattini.
Entra, ringiovanendo, la sottile
samaritana. Una brocca, una pila
di cibi sulle braccia. Posa tutto,
una mano pulisce la parete,
Si denuda ogni scena confessata
fino alla sinopia e non c'è sinopia
che non ne veli un'altra. Così appare
concreto l'infinito. Sul ritmo
d'una mano. L'altra, quasi a memoria,
pesca in sè altre figure appannate,
le traccia dove la grotta è più in luce.

Sui mostri arcaici i nuovi mostri.
                              Appena
rifocillati, rinfrancati, osservano
gl'immortali le proprie fattezze
gravare a poco a poco sulle rughe
della curva muraria. È la tortura
del rinascere dopo ogni tramonto
e scomunica e lume soffocato.

From *Serials*

Da *Serials*

On the Subject of Wounds

It is unusual to rouse the wild
donkeys people talk about
and guides write about
for one, hardly awake,
dazed by so much
desert and then weary
from the long nirvana
of a night in the hesitant
heart of a peak in Yosemite.
                              Fresno,
hardly a scratch, a nail
in the deserted strip –
all one knows is that it precedes
the plain of oranges.
Roads with great chasms on the right
side lead you – there can be danger
for one spellbound
by who or what flashes out
of weeds among the mass
of torn rust that once were vehicles –
their age untraceable –
rolled over in an instant of
carelessness...
                              This, too, is a story
of America – a treeless, entangled fabric,
bones without song
(even though at intervals, the wind...).

In tema di ferite

chi stordito da tanto deserto
e poi fiaccato dal lungo nirvana
di una notte nel titubante cuore
di Yoshemite punta, appena sveglio,

su Fresno, è raro che stani i selvatici
asinelli di cui parla la gente
e scrivono le guide.
                                        Fresno, appena
un graffio, un chiodo nella fascia del niente,
si sa soltanto che precede la piana
degli aranci. Vi conducono strade
con grandi abissi sulla destra, rischia
chi s'incanta su quanti e quali escono
fulgidamente fiori dalle erbacce
tra le masse squarciate di ruggine
che furono veicoli – ma in ere
non più databili – catapultati
giù per un soffio di disattenzione...
                                        È anche questa
una storia d'America, un tessuto senz'alberi
aggrovigliato, di ossa senza canto
(benchè a intervalli il vento...).

Bright Orange

The unharnessed berry explodes off screen;
plastic veils break its thrust;
from olive tree to olive tree a tide of wrinkles –
something from the cobweb grabs
the philosophers, drains them
of the one drop of blood in their hearts.

Arancione

La bacca viva esplode fuori campo,
veli di plastica frenano il colpo,
da olivo a olivo una marea di grinze,
qualcosa dalla ragnatela afferra
i filosofi, li prosciuga nell'unica
goccia di sangue del loro cuore.

From *Via Aurelio Saffi, 3*

Da *Via Aurelio Saffi, 3*

(13:15 o'clock)

Finish it all. It goes down
like nothing. You cannot not eat.
Perhaps you'll get up earlier. Sunday
a couple hours; you'll see that the
doctor agrees. Don't spill it! Lift
yourself up on the pillows…
                              Someone was coming,
who had returned from school first,
the nausea resurfaced,
together, from the farinata, brown
up the rim of the bottomless bowl

(a smell and a name that
afterwards will fly away –
                    farinata –
name and thing never again known,
I believe, outside that circle of walls
of years in a ghetto endured with grace).

(13.15)

– Finiscila tutta. Va giù
come niente. Non puoi non mangiare.
Forse ti alzi più presto. Domenica
un paio d'ore, vedrai che è d'accordo
il dottore… Non versarla! Sollèvati
sui guanciali… –
                    Veniva qualcuno,
chi era tornato da scuola per primo,
riaffiorava la nausea,
insieme, della farinata, bruna
fino all'orlo l'eterna scodella

(un odore che poi prenderà il volo
e con quello anche il nome –
                    farinata –
nome e cosa mai più conosciuti,
credo, fuori da quel giro di mura,
di anni di ghetto patiti con grazia).

(13:40 o'clock)

Always, during dinner,
the prolonged shrill,
"Madam, it's a beggar!"
                        When I can,
I, too, try to be at the door
to witness the small offer. What draws me
is not the extended hand
but that obscure, church-like
jargon-formula with which
he rids himself of debt and departs:
"God reward you."
                        Why?

(le 13.40)

Sempre durante il pranzo
lo squillo prolungato.
–È un povero, Signora! –.
                    Quando posso
cerco di esserci anch'io sulla porta
per la debole offerta. Ad attirarmi
non è la mano tesa
ma quell'oscura formula
gergo come di chiesa
con la quale si sdebita e riparte:
– Dio gliene renda merito. –
                    Perchè?

From *Pomerania*

Da *Pomerania*

Giacomo and Federico

Giacomo and Federico. Let's imagine that
(Leopardi and Nietzsche) after
exchanging epistolary niceties,
they meet in a neutral field
at a time of peace, in the
countryside of Treviso. Just the two
of them, seduced by an early spring,
have left their nests and medicines,
even if for a little while. Here
they are, shaking cold hands the already
burning fire stains and makes more reddish
in Federico's case. They sit and arrange
all neatly on a black towel
stamped with black flowers.
(Giacomo, observing some clouds
suspended over Asolo, lets slip a personal
note, "… I remember a woman from my area
wearing a dress made from the same cloth.")
They eat earth-foods only:
spiced oranges, red chicory,
the softest cheeses, while Federico's taste –
memory compares them to the sharp
cheeses of Sicily, from where,
unfortunately, the almonds haven't yet
arrived. Feebly, they speak in an
ancient Greek, drowned here and there
in a gulp of Cartizze; not even the rain
that falls now has power over the day,
a day cared for by two archangels such
as these. They crumble the last mouthful

(Giacomo e Federico)

Giacomo e Federico. Immaginiamoli
(Leopardi e Nietzsche) che s'incontrano, dopo
scambi di epistolare gentilezza,
in campo neutro in un tempo di pace,
nella campagna di Treviso. Soli
loro due, sedotti da una precoce
primavera, hanno lasciato nido
e farmaci, anche se per poco. Eccoli
mentre si stringono, fredde, l'un l'altro
le mani, che già acceso il fuoco stampa
di chiazze, più rossastre a Federico.
Siedono, ordinano in piena armonia
su una tovaglia nera, stampigliata
di fiori neri ("... una donna, rammento,
dalle mie parti portava un vestito
di questa stessa stoffa", insinua un dono
di confidenza Giacomo, scrutando
qualche nuvola sospesa su Asolo).
Prendono solo cibi della terra:
le arance condite, i radicchi rossi,
i formaggi più morbidi, che il gusto
di Federico a memoria confronta
con quelli aspri di Sicilia, donde
purtroppo non sono giunte finora
le mandorle... –. Flebilmente si parlano
in un greco molto antico, annegato
ogni tanto in un dito di Cartizze,
nè la pioggia che ormai viene ha potere
sul giorno, affidato alla tutela
di due arcangeli come questi. Sbriciolano

of focaccia in the humid glass bottom.
Where the fire pulls them, they, like infants,
spray rosy aphorisms on each
other's cheeks.
Small particles of lay science,
not to be scattered?
Two carriages have already arrived.
Two, amid a wind that smashes
proprieties
. . . .

sul fondo umido del bicchiere l'ultimo
boccone di focaccia. Dove il fuoco
li attira, loro, infantili, si spruzzano
l'uno sulle guance dell'altro rosei
aforismi. Particole di scienza
leggera, da non disperdere? ma
due carrozze già s'annunciano. Due,
in un vento che stronca i convenevoli
....

Pomerania

Pomerania is so way up
that on some days the entire north is pomerania.
Pomerania swallows Greenland
with all the ice and all the green.
                              (Tell
a child; he knows how true it is.)
Does it have a color of its own, the pomerania?
Yes, of hornbeams, and the steel of the harsh
and whimpering sky. (Don't go there.)

But falling into domestic idiom,
ovens are shut, guests are sent-off
(even the last one, the most insistent),
                                     then
pomerania is the January bed
from the knees down to the feet the chill
of emptiness, the lacking, which love
fills with spirit.
                         (Did it fill?)
In what art
and since when have we changed?
Lost habit? Lost strength?

O flirting ideals, that would flourish
on the softness, you, also, fallen into disuse,
scattered carelessly in the labyrinth?
Small fish, leaves – but from what lake?
                         (Someone somes who pulls the
fishnets up – with conviction, tries again)
...
Long live our pomerania

(Pomerania)

È talmente in alto la pomerania
che a giorni tutto il nord è pomerania.
La pomerania ingoia la groenlandia
con tutto il ghiaccio tutto il verde
                              (ditelo
a un bambino, lui sa quanto sia vero).
Ha un colore suo, la pomerania?
Sì, di carpini, è l'acciaio del cielo
agro e piagnucoloso. (Non andateci).

Ma calando nel frasario domestico,
spenti i fornelli, salutati gli ospiti
(anche l'ultimo, il più insistente),
                              allora
pomerania è il letto di gennaio
dalle ginocchia fino ai piedi il brivido
di vuoto il mancamento che l'amore
empie di spirito.
                  (Empiva?)
                        In che arte
e da quando saremmo cambiati?
Persa l'abitudine? persa la forza?

O ideuzze amoranti che allignavate sul morbido,
decadute anche voi, sbandite a caso
nel labirinto? Pesciolini, foglie
ma di che lago?
                        (viene uno che tira
le reti su, ci riprova con smania)
…
Lunga vita alla nostra pomerania!

We're in 1920

The date in the back is unexpected –
a scratch to confuse me?
They weren't using berets like that
one in 1920, either; and if the garden
is my grandparents' garden, the pomegranate
tree and the medlar could not have been there…
But that boy in velvet is my father;
I can sense the feast around him,
and even an echo of railroad.
Someone has already stripped the pagoda
of whatever little golden grape it had,
each October's gift. We are in 1920,
finally safe from the vast epidemic.
I don't see where I could be off:
the characters hold hands,
not a breach in the chain.
My brothers and I don't even dream of existing.

(Siamo nel '20)

La data sul retro è una nota inattesa;
un graffio per contraddirmi? Berretti
come quello nel '20 non usavano
nè, se il giardino è il giardino dei nonni,
il melograno e il nespolo potevano trovarsi lì...
Però quel ragazzo in velluto è mio padre,
la festa intorno a lui posso intuirla
e perfino un'eco di ferrovia.
Qualcuno avrà già spogliato la pergola
di quel poco di salamanna, il dono
di ogni ottobre. Siamo nel '20, salvi
finalmente dalla grande moría.
Non vedo in che cosa dovrei sbagliarmi:
i personaggi si danno la mano,
non un cedimento nella catena.
I miei fratelli ed io, neanche sogniamo di esistere.

Mortal Points

Some are still legible.
Much of it was etched
with intensity.
                    Vast hunting scenes
and less clear massacres
embellish the front of the cavern
where the king of the primordial tribe
hid for shelters and prayer.
                              Perhaps
blurred little by little by the winds
there once were also drawings
of trees, springs,
the sacred stuff of an age
briefly retold –
now wrapped up for us in its own nothingness
were it not for those mortal, pointed flints,
the desperate antennae handing down
a language made only of velar sounds.

Punte mortali

Ve ne sono di ancora leggibili.
molto di quel che fu inciso lo fu
intensamente.
                Vaste scene di caccia
e altre di più incerte stragi ornano
la fronte della caverna dov'ebbe
riparo e culto il re della nazione
primordiale.
                Forse tra le figure
asportate man mano dai venti
erano anche gli alberi le fonti,
concisamente il sacro di un'età
riavvolta ora per noi nel proprio niente –
non fossero quelle punte mortali
le disperate antenne che tramandano
una lingua di sole velari.

From *Primary Numbers*

Da *Numeri primi*

Fine gravel

Without quarrelling, without sulking, gone.
It was over in four turns
of the pedals. That feeling across the perplexed
plane of my life, gone with her, toward
the scorching, fine gravel to bury its secret.

(ghiaieto)

Senza un alterco, senza un broncio, via.
In quattro pedalate era finita.
Quel sentimento messo di traverso
sulla piana perplessa della mia
vita, andato con lei, verso il ghiaieto
ardente, a seppellirci il suo segreto.

How It Sings

Listen to how it sings:
on any slope,
any road surface. Even
in the early Sixties,
from the inside,
you could hear it,
faithful *lancista*,
blissful, with its deep, deep voice
exalting the musical life of an
Appia or an even longer-lived
Aurelia, or Ardea…
                        The
guest passenger was silent,
but truly, that motor
sang. Or the flexible armies
of olive trees sang or
from villa to villa the orchestra
of the poppies…
                        Listen
to how it sings – would they
say so of one of my verses:
light rapturous useless
murmuring vein.

(come canta)

– Sentilo come canta:
con qualsiasi pendenza,
qualsiasi fondo –. Ancora
nei primi anni Sessanta
lo sentivi bearsi
il *lancista** fedele
da dentro l'abitacolo
a bassissima voce
esaltando la vita
musicale di un'Appia
o anche di più longeva
Aurelia, o Ardea...
           Taceva
l'ospite passeggero.
Ma era vero, cantava
quel motore. O cantavano
le flessibili armate
degli olivi o tra villa
e villa la platea
dei papaveri...
           – Sentilo
come canta – dicessero
così di un verso mio,
leggera assorta inutile
vena del mormorio

...

(One corner of my native city)

Each chunk of asphalt
brings to life old ruts.
A streetcar named desire, or what?
One corner of my native city
held that name for one long year.
A streetcar named desire, and then what?
No reason to worry.
Don't jump out of the chest, calm down,
heart, if you hear one singing,
"*my* heart" – there is no need
for the jack hammer
or the power drill
to make you flower
once again and I lose you,
as it is with winners.

(su quel nome la curva)

A ogni sondaggio dell'asfalto i pezzi
tornano in luce delle antiche rotaie.
Un tram chiamato desiderio, o come?
Su quel nome la curva si descrisse
lunga un anno della città materna.
Un tram chiamato desiderio, e infine?
O cuore appena sbalzato di sella
se uno intona "*mio* cuore", niente affanni:
non occorre il martello pneumatico
nè la trivella perchè tu riaffiori
e ti perda, com'è dei vincitori.

Liguria

Liguria like a cheek horribly swollen and red.
Levanto, Riva Trigoso, Lavagna…
the fifteen year old boy
did not like the grey rocks.
                    An insult
his vacation – and of Sestri and all
those other new names never again an echo,
vineyards and reeds powerful
architecture for the heart
far away and full of tears (never
before those days heard or seen the sea –
never climbed on a train…)
                    We dined early, in two's.
How many open sores I covered
with my pregnant sister's clothes.

(Liguria)

Liguria come gota orrida e scura.
Levanto, Riva Trigoso, Lavagna...:
non piacquero le rocce grigie
al ragazzo di quindici anni.
                              Ingiuria
la sua vacanza – e di Sestri e di tutti
quei nomi nuovi mai più nessun'eco,
vigne e canne pungente architettura
per il cuore rimasto lontano
a piangersi (mai prima di quei giorni
udito o visto il mare – mai salito
su un treno...)
                    Si cenava presto, in due.
Quante piaghe scoperte, io, da velare
con le vesti di mia sorella incinta.

Sharing a Trip

It's not just sharing expenses,
endeavoring to take the chaste, inspired equity of pioneers,
nor is it counting the crackers
and little by little even the crumbs,
or slicing the orange into equal pieces
(yesterday's fruit, painted now
with unreal hypnotic colors) –
it's not enough to visit
the bottle less and less,
honoring the drop that threatens
to fall off the rim –
sharing the trip means
being exhausted, each night,
eyes lost in maps,
going over already traced black lines,
or re-tracing our own blue
or red lines – "Tomorrow we'll be at…"
Sharing a trip means
giving each other space,
sharing thoughts
(a bread never
 fully consumed),
being compassionate when
one screams in his sleep
at frightening memories
that peal in the head,
and he hogs his blanket,
hoping it will protect
him at the moment when
the universe
shrinks to a tent.

(dividere un viaggio)

Non è solamente un dividere
le spese, adoprando la casta
ispirata equità dei pionieri –
non un contar le gallette
e man mano le briciole – o un fare
in spicchi eguali l'arancia
(frutto sempre più di ieri,
colori ipnotici ormai
piuttosto che veri) – nè basta
diradare gli appuntamenti
con la borraccia, onorando
la goccia che lungo il bordo
rischia di perdersi –
                    no,
dividere il viaggio vuol dire
sfiniti, ogni sera, finirsi
gli occhi sulle carte, in ricalchi
di nere linee, già previste,
o tracciarne di nostre, azzurre
o rosse – "Domani saremo…"
Dividere il viaggio è sparire
a noi stessi, spartire pensieri
(un pane che non si consuma);
compatire, quando uno grida
nel sonno a cattive memorie
che gli scampanano dentro
e tira un po' più dalla sua
la coperta, se mai lo difenda
in quel punto che si contrae
l'universo in una tenda.

(Enter and adore!)

So many obstacles now
that weren't there then –
yet I would have seen the roots:
the streets of that neighborhood
ran so naked.
                    The world
seems turned upside down.
                    A hint,
the skeleton of a forest
still eradicable
spreads over gutted houses
like mine. A din, perhaps from an aviary,
annihilates the hum once heard from people
busy in May mornings –
the rush to get the freshest bread,
a pity school opens so early…

The streets are dead – so many
migrated; so many were lost.

If I'm really here and not
being fooled by an illusion,
re-awakened by others from the wax
of sleep – hard at first,
and then fragile –
if instead of names honored
on headstones I decipher
the names of young plants,
identified midway their stems –
the only features that attract

(Entra ed adora!)

Quanti inciampi che allora non c'erano –
e sì che le avrei viste, le radici,
tanto nude correvano le strade
di quel rione.
                    Il mondo
sembra mutato a rovescio.
                    Un indizio,
un disegno di foresta si spande
correggibile ancora sopra gli empi
falò di case com'era la mia.
Un chiasso, forse di voliera, annienta
il brusio della gente che di maggio
la mattina si sbrigava – le corse
per il pane più fresco – che peccato
la scuola così presto…

Morte le vie, quanti i migrati e persi.
Se ora io sono in scena e non m'illude
un falso, rigenerato da altri
con le cere del sogno – dure prima,
fragili a un tratto, – se al posto di nomi
onorati su lapidi le specie
decifro di giovani piante, descritte
sui fusti a mezza altezza, – ecco, le sole
fattezze a cui mi incanto, familiari
come, infine, la verità – veletta
turbata appena a un vento che si crea
in qualche punto alto e remoto – serbano

me here, familiar, after all, as truth –
topsail blown slightly by a wind
born somewhere high and far –
we save all you give
sophisticated lady,
one foot planted on the grassy step
of this spiritual temple. Enter and adore!

tutto di lei, sofisticata signora,
piede impuntato sul gradino d'erba
del tempio immateriale. Entra ed adora!

From *The Game and the Candle*
(or Wasted Effort)

Da *Il gioco e la candela*

When We'll be in Milan

If no else comes down to help us
(one who knows, one who is worthy),
I expect to clarify it with you,
before it gets dark – what
slight threshold – a mental sign –
distinguishes *cemetery* from
*camposanto.**
                    Stone angels
and a few crosses?
                    Ah, that's not it!
You sense that's not enough;
it's perhaps a matter of language,
grasses, of cardinal points and wind.
Of memories counted on one hand.
Certain horizons, and only those,
can take the veil off everything.
                              You promise me,
when we'll be in Milan…?

* holy burial ground / a christian cemetery

(quando saremo a Milano)

Se nessun altro scende ad aiutarci
(uno che sappia, uno degno),
aspetto di chiarirmelo con te,
prima che faccia buio, quale soglia
leggera – un segno mentale – distingua
cimitero da *camposanto*.
                    Gli angeli
di sasso e un po' di croci?
                    Ah non è questo!
Lo senti che non basta, è forse
più una questione di lingua, di erbe,
di punti cardinali e di vento.
Di memorie contate sulla mano.
Certi orizzonti, e solo quelli, possono
togliere il velo a tutto.
                    Mi prometti,
quando saremo a Milano...?

A Large, Expressive Flower

I checked to see if an arrow
had ever gone through it. No
arrows, yet spying it from
under, both in substance and in
color, it really seemed
to be a heart.
Istinct suggested –
shame demanded that I stay covered,
squatting as if sheltered against a wall.
And that thing up there spread open
palpitating,
a large, expressive flower:
I saw it contracting and then endure
its much-veined furrows.
Indeed, a creature irritated,
wounded by an insomnia caused by
the latest quarrell
within its own personal story,
but now for who knows how long
a story even I find myself mixed up in
up to the grey matter
…………..

(*un gran fiore espressivo*)

Guardavo se mai freccia
lo passasse da parte a parte. Frecce
no, e tuttavia a spiarlo
da sotto in su pareva proprio il cuore
per sostanza e colore.
L'istinto consigliava
la vergogna voleva
che me ne stessi coperto, acquattato
come a ridosso di un muro.
E quella cosa in alto si slargava
palpitando
un gran fiore espressivo:
lo vedevo
contrarsi ora patire
i solchi e solchi di cui si venava.
Una creatura certo impermalita
ferita dall'insonnia
da un ultimo litigio
dentro una storia solo sua
ma adesso
per chissà quanto anch'io
coinvolto fino al grigio
. . . .

(there will be a cabin)

Dark at this hour
the fury, nature's
worst (to never again
tell her, "I love you")
eleven in the morning
the woods
it's risky
I know too little
I cannot decipher
the branch
from the fruit –
erased lead
of a track that is
secondary after all:
do I recognize it?
the nose in the air
smells no more
than a couple of
tree types known
for their names
and some types of bark
evoke my memory smell
of soaked lichens
nature's worst
this year brings
lousy weather
weak us those who are good
I play it brave within the thunder
I can't see but
believe a few

(*ci sarà una capanna*)

Buio a quest'ora
la furia, il peggio
di natura
(mai più dirle
"ti amo")
le undici di mattina
il bosco
il rischio
ne so ben poco
non decifro il ramo
dal frutto
notizia cancellata
d'una traccia
d'altronde secondaria:
la riconosco?
il naso all'aria
fiuta un paio non più
di specie d'alberi
note per nome
e certe
cortecce
sanno di memoria
molli come lichene
il peggio di natura
quest'anno viene
il tempaccio
entro mi faccio forza
fra i tuoni
debole come i buoni
alla sferza dei lampi

steps and there will be
a cabin –
no angels or if there were and tried
singing hosannas,
they'd be off key

non ci vedo ma credo
pochi passi e
ci sarà una capanna
gli angeli no
o è stonato
se lo tentano
l'osanna

From *Searching for (Black)Berries*

Da *Per more*

September Duet

On earth there is no place that laughs
out of its own joy, splendid in itself.
Supreme beauty is meaningless,
and eighth and ninth wonders
of the world will have no power –
it is almost nothing –
they are ordinary lumps
in the arcane circumference
if a ray of imagination or remembrance
doesn't reach them (one who was a child
for a long time or one who reached old age knows).
                    Sublime –
it is not strange to call
a motionless flat-meadow,
a Romagna of locust trees and corn stalks,
sublime. Sunken vessel of mists – but
an unexpected September duet shook it,
sisters who spoke to each other
through the wind tunnel,
united in their untamed accent –
then, except for the vague, theatrical humor,
a futile toy theater of nymphs,
the tunnel took it all…
It's where one returns, like one's own
outdoor temple, where
one sails along those tracks,
while the grasses hide, carelessly,
waving the ex-voto of the heart.

(duetto settembrino)

Sulla terra non c'è luogo che rida
per grazia propria, splendido in se stesso.
Non ha corpo la bellezza sovrana
e non varranno l'ottava, la nona
meraviglia del mondo – è quasi niente,
sono grumi qualsiasi sull'arcana
circonferenza se non li raggiunga
un raggio di fantasia o di ricordo
(lo sa chi fu lungamente bambino
o traversò la vecchiaia)
                          Sublime,
non è strano che uno dica sublime
una pianura immota, una Romagna
di robinie e granturchi. Sprofondato
vascello di vapori – ma lo scosse
inatteso un duetto settembrino,
sorelle che si parlavano al vento
del finestrino, unite nell'accento
selvatico – poi tutto prese il tunnel
tranne quel vago umore di teatro,
un teatrino futile, di ninfe…
È dove uno ritorna come a un suo
tempio d'aria, costeggia quei binari
mentre le mareggianti erbe nascondono
senza riguardo gli ex-voto del cuore.

End of the Century

Awful swimmers both.
Who suggested we take the boat?
Perhaps the third who doesn't exist,
or who, between a father and a son,
won't let himself be seen.
And the oars, what a disaster.
Each of us had calluses on the right hand,
but from overusing the pen.
The lake was enchanting,
mirror to many mountains,
docking forbidden by the many enclosures,
turbid the reflection of stakes and gates.
As it happens in dreams, nothing
emitted a sound, nothing invited speech.
Even the staves were silent,
one by one yielding.
The oars too short to use as levers
against the bottom even though
we were near the shore.
Thus ended our nineteen-hundreds.

(fine di secolo)

Pessimi nuotatori tutti e due.
Chi ci aveva suggerito di prendere
la barca? Forse il terzo che non esiste
o non si lascia, tra un padre e un figlio, scorgere.
E i remi, che disastro. Avevamo, ciascuno,
i calli alla mano destra, ma per abuso di penna.
Il lago era un incanto, specchio di molta montagna,
approdo escluso dai troppi recinti,
palizzate e cancelli torbidi nel riflesso.
Come succede nei sogni, nulla emetteva suono,
nulla invitava a parlare. Tacevano
anche le doghe, a una a una cedendo.
I remi troppo corti per far leva sul fondo
benchè fossimo ancora presso la riva.
Così finiva il nostro novecento.

If the Books from Far Away

You must be tired, Mr. traveller.
The night is gone, and you are here
in my wagon, just under the stars.
Is it cold? Soothed by the pink light
are the walls of Recanati.
Enter alone; you're on your own –
the maze is not in those streets
where no cry is heard, but rather
in the heart of one you know.
Perhaps a little sun will do you good.
I think a couple hours should be enough
to make you see if this trip
was meaningful or futile. If the books
from far away were indeed telling everything.
Meanwhile, I tied the wagon to these
moon-flooded holm oaks (oh, dear moon…).
Be calm. I'll wait for you. You'll let me know.

(se i libri da lontano)

Sarete stanco, signor passeggero.
La notte è andata, e voi qui sul mio carro
tutta una tirata sotto le stelle.
Fa freddo? Queste che il rosa addolcisce
sono le mura di Recanati.
E queste le chiavi della città.
Entrate da solo, sarà affar vostro
orientarvi – il dedalo non è
nelle vie dove non si sente un grido
ma semmai nel cuore di chi sapete.
Il poco sole forse gioverà.
Penso che un paio d'ore basteranno
a farvi capire se questo viaggio
era opportuno o inutile. Se i libri
da lontano dicevano già tutto.
Io intanto lego il carro a questi lecci
su cui insiste la luna (o cara luna…).
State calmo. Io v'aspetto. Mi direte.

From *40 Poems*

Da *40 poesie*

In the Palaces of This City

halls where great ghosts of ancient
days loom. You hear them,
the masters of the trivium and quadrivium,
as they stroll, distracted – annoyed
if some ordinary person fills the microphone
with its vanity, inhaling nothing,
breathing nothing of all that's
still wafting – salt, incense – among
these walls. Is it always the same story,
small fish swallowed by the larger fish?
No, they let it have its say – that rustling
is them, each returning to its own proper
oblivion, in cells where the hyacinth
in the chalice doesn't bend, where the hourglass
is very slow, and where the oil lamp
and the promises of sleep
are unexhausted.

Nei palazzi di questa città

aule su cui grandi fantasmi incombono,
ombre di soavi locutori
del tempo andato. Li senti, i maestri
delle arti del trivio e del quadrivio,
passeggiare distratti – infastiditi
se un qualsiasi avventizio empie il microfono
della sua vanità, nulla inspirando
nulla respirando di quanto aleggia
tuttora – sale, incenso – tra quei muri.
Sempre la stessa storia,
il pesce piccolo divorato dal grosso?
No, lo lasciano dire – quel fruscio
sono loro che tornano
ciascuno al proprio giusto oblio,
in celle dove il giacinto nel calice
non s'incurva, la clessidra è lentissima,
inesauste la lucerna
e le promesse del sonno.

About the Author

SILVIO RAMAT, born in Florence in 1939, is Professor of Modern and Contemporary Italian Literature at the University of Padova, where he has taught since 1976. He has published an impressive number of critical studies (Italian literature) and poetry.

His critical works include: *Montale* (1965); *L'intelligenza del contemporanei* (1968); *L'ermetismo* (1969); *Psicologia della forma leopardiana* (1970); *La pianta della poesia* (1972); *Crisi di lettura* (1974); *Storia della poesia italiana del novecento* (1976); *Proto-novecento* (1978); *Invito alla lettura di Bigongiari* (1979); *L'acacia ferita e altri saggi su Montale* (1986); *I sogni di Costantino* (1988); *Particolari* (1992); *La poesia italiana 1903–1943. Quarantuno titoli esemplari* (1997).

His award-winning poetry books, in turn, include: *La feste di una città* (1959); *Lo specchio dell'afa* (1961); *La rissa dei salici* (1963); *Gli sproni ardenti* (1964); *Fisica dell'immagine* (1973); *Corpo e cosmo* (1973); *In parola* (1977); *L'inverno delle teorie* (1980); *L'arte del primo sonno* (1984); *In piena prosa* (1987); *Orto e nido* (1987); *Serials* (1988); *Una fonte* (1988); *Ventagli e altre servitù* (1991); *Via Aurelio Saffi, 3* (1992); *Pomerania* (1993); *Numeri primi* (1996); *Origine e destino* (1995); *Il gioco e la candela* (1997); *Le rose della cina* (1998); *Per more* (2000); *40 Poesie* (2001).

Silvio Ramat is also a member of numerous editorial boards of international journals — e.g., *Poesia* and *Forum Italicum* — and has been a featured writer for a number of Italian dailies — e.g., *Il Tempo, Il Giorno, Il Corriere della Sera, Il Giornale*. In addition, he has been an invited speaker to many European and American universities, as well as holding visiting professorships at the University of Wisconsin, Madison, and UCLA.

*This book was set
in QuarkXpress for Bordighera
Press by Deborah Starewich of Lafayette IN.
It was printed by Printing Services of
Purdue University, West Lafayette
IN, U.S.A.*